U0148975

山　無　陵

呂建春著

文 史 哲 詩 叢
文史哲出版社印行

獻給我的祖母

山　無　陵

自序

　　這本詩集除了幾首宗教詩外，都是政治社會詩。集內詩作大致上按寫作的日期排列，大都寫於一九八五年到美國留學的前後幾年。拿到學位後，留在加州矽谷工作，一九九零年拿到綠卡，隨即回台度假，順便自費出版了兩冊詩集：＜杜鵑花城＞和＜山無陵＞。一共印製千本，數十本分發親朋好友，剩下的最後都當成廢紙去棄。一九九零年後又陸陸續續寫了二十來首政治詩，在此一併收入集中。

　　詩作曾投稿各詩刊報社，大都遭到退稿。只有笠詩刊登過＜無可解說的年代＞、＜台灣與大陸＞、＜這局棋＞、＜國劇＞、＜那些日子＞，和＜政治＞，後來創世紀一九九七年刊出＜吾黨所宗＞和＜他們經常回來＞。一九九九年後又在新大陸詩刊和笠詩刊發表多首。自認為這本詩集是新詩有史以來最激越深刻的政治詩作，很遺憾這些作品不為詩壇注意。

　　在台灣求學時，對政治的認識懵懵懂懂，受到大眾傳播的消息封鎖和洗腦，一直抱著國民黨文宣的大腿。八零年代校園頗為封閉，國民黨黨工還控制蠻緊。我在台大青年社參加「台大青年」編務時，所有稿件都要預先審查，否則記過處分。稿子被退或刁難很常見，例如「中共」要改成「共匪」。校際間的活動一概不准，大概是怕鼓動學潮。那時期有美麗島事件和陳文成事件。一九八五年我出國後見到當時所謂黨外和台獨的資訊，見識到美國校園的開放和自由，才恍然醒悟。對國民黨相當氣憤，被蒙蔽欺騙的感覺，真是義憤填膺，認為自己黃金的求知時期被抹殺了許多發展的機會。不久後，又有江南案發生。

對政治的關切和激情隨著環境改變和不再年輕氣盛，而漸漸淡化下來，好像老邁的唐吉訶德失去了風車。和台灣社會日久疏離，隔岸觀火，一切不再是切膚之痛，事如九二一地震和政黨輪替，我也只有漣漪般微微感觸。許多重大時事，看了中文電視臺和報紙報導，參加大夥的共同話題，像小學生興奮地討論剛剛結束的旅遊，又漸漸歸於平息。

浮雲動盪整座天空
風向隨著旗子飄
歡迎一個偉大的時代
我像仗勢的土狗
猛搖著吠聲吠影的尾巴

留下天空廣大的沉默
候鳥投下大地過境的陰影
歡送一個偉大的時代
旗子隨著風向飄
我追逐著自己的尾巴

政治詩於我是該告一個段落。紀念那個「吾黨所宗」的年代。

2001年9月9日

2

目錄

寒山夜

心中斑駁的歲月
月鏡中的山河
星河明滅的漁火
烽火中的鄉國
北國凝望的霜天
是
一片楓紅的落葉

1977　新大陸詩刊61期，2000年12月

臺北印象

原始的末日爬進化的甲蟲
屁放了一街柏油黑
霓虹燈按摩著夜的神經
我們樂倫我們排泄
傳說暗地的故事
我們睡覺我們繁殖
一群雜食的地鼠
習於陰濕的氣候

1977

一九八〇青年節

陽光照亮校園草地
樹影下溫習托福的人群
情侶們喁喁私談
杜鵑花前擺好的姿勢和笑容
拍攝留影，這一切都發生了
在一九八〇年的陽光

陰影漸漸東移
我在傅鐘下冰涼的石子地
低首沉思陽光
和杜鵑啼血的顏色
日落西山的浮雲空盪盪

托福散揚的背影紛紛擾擾
我聽見鐘聲遙遠地從落日傳來
迅速被一片暮色蒼茫掩蓋
而夜迅速佔領了鐘聲所及的
好一片血紅的杜鵑

長巷

夜走入一條長巷
兩旁對峙的門窗沒有燈
各自閂緊了鎖
在夢中堅持黑暗的壁壘

夜賦予星星背景
疲憊的腳探索疾風的意義
天地間唯我盈眶的淚
是迎向曙光的露

1983　笠詩刊221期，2001年2月

一代人　　　顧城

黑夜給了我黑色的眼睛
我卻用它尋找光明

街頭即景

春光一瞬間
搶拍了
閃光燈眨呀眨的眼睛
鏡頭對準迎面撲來
口哨一吹即破的
晃盪盪
一對漲滿欲望
想飛未飛的
氣球

1983

下班時間

沙丁魚擠滿公車
是頓豐盛的晚餐
有人忍不住動了筷子
一陣夾七夾八油鍋鼎沸
盤裡的魚身不由己

且稍安勿躁
人在江湖還有幾站
且濡沫相安

1983

越南和談

坐滿椅子一張張
屁股是用來占位置
會議桌下放一些空氣
談一些氣候的消息
彈些吞雲吐霧的煙蒂
在哈欠和哈欠連串之間
舌頭搧動的火焰
燒紅了半邊天
城鎮村落的灰燼散落
都在煙灰缸裡

1983　笠詩刊223期，2001年6月

電視　　　　　非馬

一個手指頭
輕輕便能關掉的
世界

卻關不掉
逐漸暗淡的螢光幕上
一粒仇恨的火種驟然引發熊熊的戰火
燒過中東
燒過越南
燒過每一張焦灼的臉

路　　一

黎明跨上竹馬
追趕著春風
摘一朵帶露的花

鳶鳥在雲中飛
我背負書劍
泣別鄉野的紅杜鵑

日正當空
京城裡我提著自己的頭顱
沿街叫賣

客棧裏卸下行囊
把酒斟滿
晚霞在兩頰燃燒

入夜後提著燈籠
點起一根燭火
照亮我歸去的路

1983　新大陸詩刊58期，2000年6月

路　　二

提一盞燈
大太陽下急急趕路
一只包袱
裝著滿滿的鄉愁

落葉追趕著風
一路灑下的汗水
比淚還要鹹
落後的腳印俱成灰燼

紅熔熔一輪落日
一顆燃燒過的心

影子愈拉愈長
跨過遙遠的地平線
血的霞光
灑滿半邊天

月亮悄悄升起
忘記打開的包袱
和影子一起
遺落夜色

一盞燈沒有點火
一片月色昏眩的寂靜

8/8/1999　　　新大陸詩刊54期，1999年10月

虞美人　　　蔣捷

少年聽雨歌樓上，紅燭昏羅帳
壯年聽雨客舟中，江闊雲低，斷雁叫西風
而今聽雨僧廬下，鬢已星星也
悲歡離合總無情，一任階前，點滴到天明

路　　三

鳥聲清亮的黎明天空
竹馬光著腳跟
奔跑過田野小徑
追趕著一隻金雞振翅飛揚

木屐踢踢踏踏
光輪快走的腳踏車
軋過小鎮石子路
一路奔放的音符悠揚跌宕

跑鞋失速的驚叫
留下柏油路一灘血漬
太陽用力推著機車火紅
流汗穿過擦撞事故的街上

蹣跚跚轎車邊走邊停
擁塞在黃昏便秘的街頭
晦澀的城市煙塵滿佈
皮鞋閃閃黑亮

像金雞蛋殼敲裂
老花眼珠白白茫茫
一根柺杖跌下車來

11

夢境倒地的一身月色瘀傷

10/23/99　　　新大陸詩刊57期，2000年4月

晚安

早安，在互道微笑中
我覺察事情正在醞釀進行
電視報導仍然是天晴無雨
我攤開報紙仔細研判

火舌捲上了三十層樓大廈
電視呼籲節約用水小心火燭
濃煙遮蔽了整個天空
我聽見激盪的耳語熊熊傳遞

有人從大廈的窗口墜落
捶響堅硬地面
到處是觀望的的群眾
我聽見人們心臟的脈動牽連

是該有些什麼事情發生
我關上電視，報紙扔進字紙簍
來到街頭和人們相互招呼
交換革命理論，救世主…

向全世界播告晚安
電視臺已經關門
沒有人能抵擋黑夜的來臨

13

到處是火光催眠的聲音

從落日出口
我越過灰燼的城市
來到星星聚集的海邊
夜，終於落了下來

1983　新大陸詩刊68期，2002年2月

大道之行也

北風來過
狗夾著尾巴來過
夜幕垂落時
對峙的大廈在兩側
大道上空無一人
只有窗口凝望的眼睛

偶爾樓頂傳來跺腳的
回聲空空洞洞
對峙的門面閉緊了嘴
大道風行時
窗口凝望的眼睛
眼睛凝望的黑

1983

公家飯

一雙離開報紙
無處安頓的
眼珠，轉溜溜的
滾落斜對面祕書小姐
反光的白玉盤上

離開抽水馬桶
吃公家飯的屁股
無處安頓的五百斤油
衛生紙擦拭後
重溫在孵熱的軟椅墊

看完三份晚報
鐘錶還在打盹
黃昏伸個慵慵懶腰
下班的哈欠終於
吐出滿天的暮靄茫茫

1984

16

心中橫生的

停電那晚
我全副武裝
撲向市中心的黑暗
為保衛道德最後的據點
手電筒不斷來回掃射
終於
夜色喘不過氣的時侯
帶露的野草蔓延開來
如火如荼

1984

戰爭

露水的涼意透骨
我們從濃霧出發
追尋黑夜撤退的蹤跡
拂曉沿山麓迂迴前進
殺戮的欲望交相掩護
穿越糾結的草莽荒野
觀察叢林進出入口
向鴣鵐聲中
蒼茫瀰漫的荒山野嶺

沿十點鐘方向屏息肅靜
蟲叫倏然停止，是有人
潛行的徵候，我們俯身屈膝
體會后土坎坷的忐忑忑忑
傾聽大地臨終的脈膊
鳥獸驚奔，是有人行動的徵兆
枝葉中狙擊手森然窺視
一朵猝然開放的紅杜鵑
應聲而倒

頭頂著鋼盔
鋼盔頂著太陽
我們急急趕赴十二點鐘

18

汗氣蒸騰野草的酸辛
來到觸手可及的隘路
泥濘在左荊棘在右
火力掩護著手腳交互伏進
向前潛行探觸
泡沫埋伏的沼澤

器具聲響，是構工的徵兆
流水混濁，是渡河的徵兆
一觸即發的陰陽靜電
空氣中雷雨陰森
兩線對峙的血，裝滿子彈
火光迸裂殺聲
槍聲呼嘯火炮爆裂
血肉衝鋒在敵火地帶
我們鮮血淋漓坦誠相見

雷霆呼叫雷霆呼叫
無線電臨終的聲嘯
眼睛迸出閃電
天空開裂暴雨傾瀉
淹沒了血漬大地
屍體漂浮深溝坑洞
水面彌留的泡沫
是我們欲語未語的遺言
迅速捲入了漩渦

沿落日方向挺進
霜風出血受傷
槍聲零零星星追擊
我們清掃戰揚
地平線上一輪屍橫落日
瞳孔盛滿暮色灰燼
落日傳來餘煙裊裊的回響
我們的步履微弱昏暗
夜，漸行漸遠

月亮照著鋼盔
鋼盔罩著頭顱
我們占領了大地
大地占領了夜
夜占領了我們
劃過黑空的流星
潤溼我們雙眼
我們回到了露水故鄉
萬物中有淚

5/7/1984

光明在望

我們學習看天的臉色
太陽露面時
熱毒的街上空無人影
只有搖尾喘息的狗
天陰時，氣壓很低
雷聲沈悶的在雲層中來來回回
暴雨瀉落，黑雨傘暗暗遮蓋大地
我們躲在屋內聽颱風報導
祕密耳語著青天的祕密
白日變紅時，出門要記得陽傘
直等到黃昏喀血，赤紅整片天空
迴光返照～要變天了
夜幕降下時我們湧聚街頭
黑暗中摸索光明在望的前途

9/17/1984

腳步漸漸逼近

露水潤溼泥土路
曙光破曉的腳步
赤腳的走來
泥土路走過石子路
太陽燙亮的腳步
木屐喀喀響
石子路走過柏油路
走入夜色的腳步
脫下黑皮鞋

1985

故鄉故事

循溪聲蜿蜒而來
一個莊稼漢看山看水
在此落了戶
一畦畦菜花黃
白蝴蝶成群成隊
蟬聲嘶鳴著陽光夏日

金黃黃高粱遍山遍野
閒談著魏晉風流的興亡
老人圍聚楓樹下
一片片紅葉像屋瓦
飄落街心
孩童正在躲迷藏

雪花飄落一片亂葬崗
冷透了森然白骨
一陣風雪迷漫
烏鴉噪啞啞叫嚣墓碑上
斑駁的姓氏籍貫
無法辨認年代

偶爾行經此地
一個迷途的樵夫看見

好一片映紅青山的杜鵑
兀自開兀自落
白茫茫雲霧掠過山巒
瀑布瀉下水花泡沫

溪流奔向大海出口
鮭魚逆湧而來
生命的終點和起點
魚腹浮白整座湖泊
千百隻鷹鳥飛鳴天空
遮蔽了陽光夏日

1985

赤燄

放一把火
讓世界的黑暗消失
一把通天紅的火
比太陽還亮

赤焰喧嘩
到處是慶祝的槍炮聲
所有門窗都開了口
明明白白

閉上眼睛
仍可以清楚看見
花瓣盛開在大好頭顱
血紅的向日葵

當紅過東方的太陽下了山
被殺戮的祖先
和殺戮過祖先的祖先
一起活在心底

用骨骼燃燒取暖
火光飄飄搖搖
在夜色漸漸聚滿的眼中

涙是黑色的

5/25/1985

我們這一夥

很早
我們就翹離學校
對女人尖銳地吹口哨
說他媽的彩色繽紛的笑話

攀折公寓裏生澀的番石榴
我們狂吠狗叫的聲音
嚇跑一隻夾尾巴的喪家犬

白眼瞄來瞄去
太陽熱烘烘
照著我們淤血的眼圈

太陽下山時
一天的路好像走到了盡頭
我們感覺很冷

眼睛和天空愈來愈暗
臉色和月色一樣白
我們摸黑回到老頭家裏
做夢

6/19/1985　　笠詩刊223期，2001年6月

這一代

我們問
在出生的地方
我們問父母
能為我們
國家能為我們

太陽燒得正紅時
遠離了父母故鄉

做些什麼
我們自己能
為子女為國家
在老死的地方
我們知道

7/5/1985

這盤棋　　一

來來回回踱方步
車馬沿著楚河

炮在後方
連連放著響屁

士象團團包裹著垂老將帥
王不見王

而漂洋過海的卒子
一去不返

9/1/1985　　　笠詩刊140期，1988年9月

這盤棋　二

我們棋盤有車馬巡河
士象緊緊護衛著黑將
空包彈空洞打向天空
他們棋盤有紅兵激進
到處放火和造反革命
老帥叱吒的風雲變色
火焰燒焦赤色的后土
分隔漢界的楚河洶湧
愈洶愈湧成汪洋大海
渡海的卒子走出棋盤

10/28/1988

30

那些日子

我們恐懼夜晚
恐懼急駛而過的車聲
恐懼突然剎車的尖銳聲
和急促捶打的敲門聲
擔心門窗的鎖
在聲音和燈光熄滅後
我們睜大的眼睛
凝視夜晚巨大濃厚的黑

9/17/1985

面具的演出

闖進一間房屋
拜訪的陌生男子
戴著黑色的面具

紅色的電話打不出來
窗子一面喊叫
化妝鏡破裂的尖銳裂口

鑰匙打開七嘴八舌的口沫
淹沒所有流晃的聲音
牙齒是森白的顏色

門窗鎖成啞巴
主人戴著綠色面具
鄰居也戴著青色的面具

9/20/1985

春色關不住

門戶緊閉的高高圍牆上
新枝探出頭來
綻開一朵紅花
在銳利碎裂的
玻璃瓶上

9/25/1985

臺灣頌

冰河期剛剛退卻
湍流摸索著汪洋出口
在雲霧支配的大地
緊挨著天空漸漸成形的臉龐
我們艱難地站立
肩膀扛著雲層厚重
雷語在耳邊奔走喧鬧
山在舒伸筋骨
星星和神話迅速繁衍

莽蒼蒼玉山連亙著大雪山
在鳥聲集結的青峰
我們學習山鳥的對話
皚皚積雪化為濤濤天聲
瀑布懸空降落
大甲溪大肚溪蜿蜒蜒蜓
未曾載負舟帆的江河
我們撒下了網
魚在水面騰躍

牛羊奔走在大地床褥
廣碩綿延的嘉南平原
我們播下秧苗

蝴蝶匆忙在百花千樹
混合所有的花香
陽光照亮露水汗珠
我們跪向鷺鷥守護的田園
像黃金垂掛的稻穀
俯拜萬世不易的后土

9/25/1985

二十年一覺

頂著大太陽
揚起遮天的塵土
他立在廬山頂峰
真正面目
沒有人看清

渡過了海峽
掀起滔天巨浪
溼亮跟隨者的眼睛
鹹的淚水
和鹹的血一樣冷

青天是背景
坐在陽明山上
白日曬得他頭昏眼花
竟做起夢
看見滿地通紅

10/4/1985

無可解說的年代

那些日子很怪異
學生們離校出走
制服染滿血的口號
一個緊跟一個
眼睛盯著前面的腦門
腦門冒著熊熊火炬
照亮大道上亂紅亂紫
五花八門的招牌

對峙的大廈聳立兩側
窗口擠滿觀望的人頭
對視中一起打開褲襠
朝街心洩下潰決的洪水
煙霧瀰漫了楚河漢界
在水水火不容之間
遮蔽了青天白日
遮蔽了所有的眼睛

10/5/1985　　　笠詩刊122期，1984年3月

銅像

銅像豎起時
下午太陽火熱毒辣
廣場上空無一人
只有幾隻鴿子踱來踱去
又各自凌空飛散
留下一地灰色羽毛

浸透過多敵人的血
他的指揮刀鋒芒銳利
立在廣場正中央
銅像燦爛不朽
像一片爍亮鍍金的光
曬得大地昏昏發燙

整個下午陽光倒斜
凝望慢慢降下的太陽
我倚著他的腳跟
在龐然巨大的陰影下面
感覺銅像暗暗傳來
金屬透骨的涼意

站得太久關節隱隱疼痛
銅像的陰影愈拉愈長

一切都是暮色血紅
銅像沒有心
我曬裂受傷的心裡
有一聲黑暗窒息的叫喊

10/12/1985

台灣與大陸

剛墮胎的母親
用嬰兒肉鮮紅營養
做包子

我咬著蘋果
躺在碧草如茵花綠綠新台幣上
打飽嗝

父親水汪汪的淚
混著泥土
在黃河泛濫成災

我用鈔票點著火
大抽洋菸
而大海翻騰在我們之間

10/28/1985　　笠詩刊138期，1988年3月

盆栽

一排陳列開來
供人戲賞玩弄的盆栽
枝葉的手長長短短
在門口打著招呼

有的枯萎有的發芽
她們互稱姐妹
各站在盆子裏
讓觀眾輪流澆一壺水

盆裏的土漸漸酸化
她們辛酸無奈地吸收
淚水鹹溼的養份
和室內閉鎖的黑

11/14/1985

41

國劇

時間：歷史爭辯著
地點：國家劇楊
人物：兩面鮮明的旗幟

畫上國劇臉譜
劉備和曹操隔著赤壁
相互罵陣的口沫
泛濫淹沒兩岸

沾血的指揮刀
在空中耀武揚威
生銹的鐮刀橫躺地上

躲在旗影下的黎民
被抹灰的白臉
和塗炭的黑臉
唬成一陣青一陣紅

臺下是一片轟然掌聲
因為刀口堵住的傷口
是沒有話說

11/17/1985　笠詩刊140期，1988年9月

萬歲

大清早急急趕到
總統府前
司儀領著我們喊
中華民國萬歲
三民主義萬歲
當然最後還有
總統萬歲

取代南飛北返的雁子
飛機在天空噴字
禮炮震天響亮
一籠籠豢養的鴿子
飛散青天
還有彩色繽紛的汽球
在膨脹升高

回不了家
忠烈祠牌位上的名字
回到家躺在黃花崗的
對岸剛喊完萬歲
尚未回家的同胞
都聽到了
氣球在空中爆開的空洞回聲　　　　　11/25/1985

43

移民通知

去了枝葉去了根
才成為棟樑

1/12/1986

鴿子　　　　　羅智成

我們才走過鴿群
牠們就把我的謠言傳到天空上了
只留下輕如羽毛的事實

大陸之歌 一

百姓流離苦難的血
先烈的血敵人的血
為我的乾渴而流
他們的死成為黑夜

他們的眼睛化為星星
他們的淚化為露水
在我夢魘的黑暗盡頭
他們的血化為破曉曙光

3/19/1986

大陸之歌　二

打開門，夕陽染紅半邊天
有人偷偷進去，放了一把無名火
有人飛奔出來，背影消逝在暮色

關上門，黑暗中沒有星光
有人唾沫四濺，狗叫哭喊翻了天
有人移動座椅，所有的聲音靜默

鎖上門，日夜像黑貓白貓
有人鼾聲囈語，老鼠暗暗地咬囓
有人夢魘驚醒，破曉的旭日在撞門

新大陸詩刊52期，1999年6月

大陸之歌　三

我站在地上
像個陰影
死者立在我心中
像一塊碑
這土地是我的悲傷
看得見看不見的傷痕
骨灰和血的歸宿

跟隨死者的血跡而來
我給他道路
鮮血灌溉的后土
綻放鮮紅的花瓣
向春風來處盼望
這土地是我的信仰
生命和愛的歸宿

9/17/1989

47

海棠葉

夜，血和塵土
構成我海棠葉的祖國

多少血流入大地江河
響徹八年的警報由東到西
一丸紅日當空，炸彈
四處爆裂，穿越燒焦的后土
死亡和黑夜攜手並行
隨手撒落的光明
是燃撓屋宇棟樑
取暖的火光

向日葵從瓦礫探出頭來
在火炬中和太陽對晤
我引頸諦聽，頭顱響落
黃花崗被火解開剝落
在片刻的風中煙霧
灰燼大地，屍體肥沃了野草
草根糾纏銹蝕的鋤犁
和漸漸燐化的白骨

西伯利亞來的寒流，冰雪壓斷
樹木枝幹，發出骨折的哀鳴

48

在變色北風裡出血
大地說：用我的血說話
說話的聲音被逮捕
沉默的聲音被監禁
鳴放的花朵被蹂躪

奔馳在黑夜擁擠的城鎮
我夢見所有夢者的夢
被監視和跟蹤的夢
面對大地深沉的召喚
我在死者之間傳遞
偷渡的夢境，在生者之間
給予堅硬立足的大地
是死者沉默廣闊的胸腔

泡沫和浪花相繼成形，在海島
外銷的外黃內白的香蕉
希爾頓飯店高高俯視著總統府
遮蔽了青天白日
洋水衝擊著陸岸邊緣
在對岸陸地根源
有眼淚和血的溫暖
有死亡和愛的呼喚

通過黑暗咽喉，死亡

喚醒的雞鳴曙光，劃破夜幕
我叩開每一扇門
在廣闊的天空視野
我翻雪成露，穀粒在后土甦醒
綠色的生機一舒展，十萬里千萬里
春光瀰漫，東風釋放給大地
大地釋放給中國

4/26/1986

歷史 一

跟隨麒麟遺下的蹤跡
我們來到春秋曠野邊緣
看風在落葉中翻閱
亂山千疊的暮色
此去三千年，雲起雲滅
荒草封閉了所有來路

歷史 二

打火石在夜裏互撞
我們沉思黑色的頭顱
痛楚中迸出火花
照亮瞬時燃燒的夢境
和餘燼中蒼白的骨灰
一腳跨過去
五千年

6/3/1986

51

港口

剛出生的寶寶
扔在人來人往的候客室
青春蒼白地拋棄黑巷
他心愛的瑪麗
背影消失在國際機場

他默默切斷動脈
一條河喧嘩了下來
浮起整條街床夜市
霓虹燈紅色繽紛
爍亮黑暗的夢

警察沿著基隆河打撈
未註冊的嬰兒
撈起一堆殘渣污垢
陳年垃圾的腐味
溢滿城市所有的角落

11/18/1986

老大 一

老大永遠不死
和我們長相左右
他的像片到處出現
掛滿大街小巷
在他視線下埋頭苦幹
不敢仰望他一毛不留的
光頭，反映著青天白日
我們直等到黃昏臨頭
才抬頭看清楚尊容
背景是一片紅霞晚天

11/20/1986

山坡羊　　　　張養浩

峰巒如聚　　波濤如怒
山河表裡潼關路
望西都　　意躊躇
傷心秦漢經行處
宮闕萬間都做了土
興　　百姓苦
亡　　百姓苦

老大 二

在老大赤紅的心中
高聳一座總統府
府中供奉一尊銅像巨大
銅像內一顆鐵打的心
心中一滴凝黑的血　　　　12/24/1986

老大 三

我和老大是天生一對
年輕力壯的睜眼瞎子
配上老而不死的跛子
他是民族救星的明燈
指引黑暗的前途去向
我背負他龍鍾的軀殼
一座鐘鼎敗壞的包袱
愈走愈緊愈沈重不堪
在白日中盲目地前行
蹣跚地走向青天盡頭　　　　12/28/1986

54

老大　四

從沒時間度假划船
我們民族的舵手一直忙
心血匆匆來潮有一天
拋開公事毅然決然
渡海來小島度假散心
看太平洋雷池日昇日落
望洋興嘆之餘
陽明山刻字留念
某某到此一遊

每天清早到處溜鳥
各式花枝招展學人語的
九官鳥五顏六色
時時對鳥耳提面命
為鳥辦國語訓話比賽
一旁有人鼓掌叫好

每天黃昏到處溜狗
各種土狗狼狗狐狸狗
大街小巷撒尿拉屎
犬吠震天撼地
賣香肉都進了籠子
禁食狗肉的招牌五花八門

無聊看罷京劇看歌仔
看完布袋看傀儡
一旁有人唱綠島小夜曲
鄉愁化不開的假期終於結束
嘆了最後一口氣
回去老家找媽媽
據報導上天打雷下雨
傳說是九霄王母娘娘
痛哭流涕一整夜

紅色的聯想

女人想起經年累月的月經
白白流了一地血，血想起了槍
男人想起津津有味的嘴屑
一支槍高高舉起
把持在老大多毛出汗的手
遙遙指向赤色的星
星星想起東方紅的太陽
太陽想起滿地紅的晚霞
晚霞想起夜幕的黑
黑夜想起大地露水
露水想起紅色的夢
夢中是一片尿水溼透
流過男人結紮閹割的嘴
流過女人那不會說話的嘴

12/27/1986

政治

一

「所謂和談---嘿，放個屁而已。」共產黨
「和談？放屁！」國民黨
「好臭...」死老百姓

二

青天白日下有人放了個響屁
「誰？誰？」共產黨
「誰？誰？誰？」國民黨
「不是我！不是我。不是我？不是...」死老百姓
大地一片紅

三

「所謂和談---嘿---脫褲子放屁而已」共產黨
「和談嘛，有談有和，放個屁總是好的」民進黨
「放狗屁！和談？狗屁不通！」國民黨
「真臭...」死老百姓

四

暗地裏有人放了個悶屁
「真香！是那位好漢，有話好說？」共產黨
「真臭！是那個匪諜，趕快自首！」國民黨
「真響！是那位民主，請你舉手。」民進黨
「屁...」死老百姓

1987　笠詩刊150期，1991年3月

廟前廣場

一隻黑鴉撲翅而去
秋葉紛紛飄落下來
黃昏抱著膝蓋
他們蹲踞老榕樹下
搜著自己的影子
喃喃自語

3/11/1987

謠傳

那小子幹掉兩個守衛
搶光我定期存款的銀行
偷渡到美國和我前夫
去鍍金的大女兒同居
警察打死他經營綠燈戶
滿嘴金牙檳榔的老爸抵數
議員發表冗長連串的祭文
送葬行列使交通中斷
記者鑽來鑽去訪問拍照
警民激烈的衝突對峙
醫生忙著搶救流血傷患
律師積極辯護上訴
熊熊示威的火炬高舉
點燃會議桌上的雪茄
大家都足足撈了一筆
這是我從枕頭上聽來
第一手的消息

3/12/1987

60

盆地　一

關於那城市，我所記得的
在盆地裏過多的傾軋
他們交談製造噪音
他們點頭，以為相互了解
衣服遮蓋住身體
沒有東西遮蓋臉
欲望在暗中擁擠掙扎
撩撥眼中發紅的火焰

白眼的光芒銳利
像削一隻土產水梨
皮膚沿刀鋒剝落
恨，像楔子刺痛
緊緊將他們契合一起
黑夜來得特別快
他們只相信黑暗
黑暗會帶領他們到更遠

生活像垃圾淤塞的河床
白天去得特別快
憂傷逐漸加重
像塵土覆蓋大地
過多的夢覆蓋我的心

我獨自遠走離去
冬天綿綿的陰雨，那城市
是我全部的記憶

8/4/1987

盆地 二

隨風飄的旗幟七嘴八舌
我落魄潦倒的身子
淹沒在旗影的吶喊裡
沒有方向的謠言風
響亮地吹

髒話和口沫濺了一地
舌頭像抹布溼答答
來來回回擦拭
臉擺進一面鏡子裡
像框好的日子

五花八門冒了出來
欲念像雨後鮮豔的蘑菇
我掏出一把鑰匙生銹
朝著鎖孔中窺視的眼睛
狠狠插入

2/9/2000

法統

拄著柺杖
一黨垂頭喪家的千歲
背對著廣大青天白日
注視地上自己的影子
暗暗移進群賢樓

彎腰駝背
背負重於泰山的鐘鼎
鼎上纏繞龍尾饕餮紋
老而折腰不為五斗米
曲膝是叩見萬歲

除掉萬歲
柺杖可打倒臺灣草地
柺杖可以打死老百姓
因為柺是御賜龍頭柺
支撐江山的棟樑

11/22/1987

返鄉

月亮升起時
大陸看見
臺灣也看見

夜很冷
眼睛很冷
露很冷

邊境過去是夢境
夢最圓的時侯
海浪在遠方呼號

狗對著天空吠叫
黑色逐漸加重
破曉的黎明是血光

12/15/1987

三個和尚

一個人
獨來獨往
天地很遼闊

走來走去
兩個人
都在對瞄的視線

三個人
天地消逝
在各自翻白的眼珠　　　　　　　　　　1/9/1988

附記：笑話一則
國父問他說：我死後民主實行的如何呢？蔣公說：很成功啊！
國父高興道：那....第一任總統是誰呢？蔣公驕傲的說：就是我！
國父道：很好啊！第二任呢？蔣公不好意思的說：于右任 (余又任總統)
國父說：好！書法家做總統，第三任呢？蔣：吳三連 (吾三連任總統)
國：好！新聞界也有做總統！第四任呢？蔣：趙麗蓮 (照例連任總統)
國：好！教育家也有做總統，第五任呢？蔣：趙元任 (照原來任總統)
國：太好啦！輿論界也有出總統的！第六任呢？蔣：伍子胥 (吾子繼續)
這時國父才狐疑的問：連古人也來做總統嗎.....？

總統的願望

願是一匹黑馬不羈
狂奔大陸東南西北
揚起萬丈遮天塵埃
跑到廬山無人峰頂
對著青天嘶鳴

暴風雨洶湧的海上
願是一個舵手偉大
頂著滔天浪花前進
拋錨在暗夜的海峽
對著汪洋咆哮

願是一具石像不朽
用整座陽明山雕成
遮住剛昇起的太陽
陰影俯視臺北盆地
一句話也不說

高高懸在夜夢天空
願是一顆孤星極北
南面而王獨自放光
注視歷史寂寞的黑
一眨眼也不眨

1/11/1988

67

偉人

他忙著下達命令和蓋章
他的章是唯一的合法
合當繼承堯舜禹湯的法統
他的命令是真正民主革命
革百姓生命的意義

部下忙著張貼標語像片
忙著到處豎立銅像
忙著清理場地和閒雜人等
忙著替他撰擬演講稿
忙著幫他打扮化粧

群眾被聚集到廣場
表達上下一心的忠誠團結
高喊他滿天飛的口號
和三聲萬歲萬萬歲
向他的銅像鞠躬敬禮

開萬世太平洋嶄新局面
他的講演改寫歷史無異議
成為全國新聞的頭版
文化復興孔孟的再版
人民新生活改造的絕版

1/13/1988

齊人

趕赴現代齊人的喜宴
臉上塗滿油粉笑魘
口袋一串鑰匙鑑然作響
一棟棟簇新高樓大廈
像雨後紛生的野葦
頂起灰色天空
夜市輝煌中一群蝦蟆蛙蠅
及時煮了鶴殺了雞

古人牙衰齒落
我們有牙刷牙膏
和一嘴嚼不爛雪白義齒
可以談天下可以論女人
偏席中盡是富貴騰達
偏國中盡是酒肉知己
妻驕其妾，妾驕其女傭
女傭可以驕其親友

垃圾傾倒夜色盡頭
鑰匙鎖回一扇扇門窗
卸下衣冠面具
脫下鏡片脫下牙齒
伸直手腕膝蓋

在黎明酣然夢魘中
似乎聽到一聲天下振動
黑色的雞鳴

1/17/1988

黑街

沈默畏縮成一團
淋漓的炭
那些黑人蹲在街角

把冷收集在口袋裏
他們伸出手乞討銅板
銅板上有解放黑奴的林肯
和「我們相信上帝」

塵土歸於塵土
上帝熄滅他們心中的火
灰燼默默歸於塵土

3/12/1988

十字街口

對面路口的紅燈標示
「不要通過」
橫路上走來一個白人
剝了皮的進口黃香蕉
三兩口就解決下肚
抹完嘴，津津有味
隨手一拋
紅燈亮在十字路口

我看那白人一眼
他狠狠回瞪過來
我趕忙轉過紅赧的臉
綠燈亮了，他快步走過街去
香蕉的剝皮躺在地上
十分刺眼
我猶豫了一下
紅燈又亮了

3/19/1988

紅衛兵

眼光所及的
都是火焰喧曄的紅
讓一切歸根的事物
在燒燃太陽的后土
吼出內心究底的呼喊

強烈的亮光
歸趨於不可測的黑
我們眼中沒有白日
我們心中沒有黑夜
只有大火劫後的灰

沈默的夜的毛髮和骨灰
星子在荒天裡失落
死者和死者間的對話
我們赤色失眠的眼睛
緊緊看守著黑暗

死亡沈默的陰影裡
我們緊緊看守著灰燼
一堆語錄燃燒過的話語
淚水在荒地裡潤溼
一片血跡乾裂的后土　　　　　3/21/1988

老兵不死

火紅在遍地
槍一排排忹在車站
等待出發

我的籍貫是灰煙瀰漫的廢墟

血黑在遍野
泥土一把把擠在港口
等待逃亡

我的過去是一張破損的地圖

淚淌在皺紋
曾經槍桿壓垮的肩膀
等待卸裝

我的將來是換田證和親人憶念的空白

夢躺在公園
曝曬一身溼暗的骨骼
等待天黑

我沒有現在

1988

74

蜥蜴

光著腳踢一路石子
道旁盎盎然野草碧綠
鑽出來一隻蜥蜴突然
蛇紋皺擢扭曲的背
眼珠凸瞪的黑

血液刹那凍結
恐慌中檢起石頭砸去
它迅速竄入無邊綠野
棄下騰躍蹦跳的尾巴
和我驚奇顫抖的心

如今草野變成工廠林立
整天黑煙遮蔽藍天
石子路鋪成柏油路
我的心不再害怕吃驚
像水泥一般堅硬

從童年蹤跡回來
那隻失去身影的蜥蜴
鑽入我欲望無邊的大腦
在黑暗顫抖的夢中
它的尾巴還在蹦跳掙扎

10/24/1988

變化

解嚴根本不予考慮
解嚴是共匪陰謀圖我
目前不可能解嚴
解嚴是自毀長城違背人心
有人主張解嚴是居心巨測
解嚴是臺獨隔海唱合
截至現在解嚴不予考慮
解嚴為期尚早
是否解嚴仍待商議檢討
解嚴仍未能同意
立刻解嚴不擬實施
擬定國安法針對解嚴
解嚴時機尚未來到
立即實施解嚴
解嚴是民主重大成就
海內外欣見解嚴
全民感激政府英明措施
解嚴是偉大德政

10/27/1988

夢中我還記得

發光的寶塔崇高
他的心曾經是
廟宇肅穆莊嚴
偉壯堂皇的宮殿
琉璃瓦的陽光永遠輝煌
我經過一道又一道
四通八達的城門牌坊
拂盡春風的楊柳碧綠
長青不凋的松柏蒼翠
爭鳴的百花怒放嫣紅

如今我摸索著爬著回去
一道又一道失守的門
花草連根拔起
敗葉頹牆和殘垣枯木
血漬和塵士佈滿街道
狂風暴雨熄滅所有的火炬
空空洞洞他的心沒有光
像萬民哭泣棄絕的一座
老朽盲目黑暗迷失
千年破舊毀壞的京城

11/8/1988

廣場

曬他們發霉的骨骼
囤集類聚的灰鴿子
啄啄不休點著頭
老著臉皮占據銅像四周
警覺過往行人的腳步
像雲影突然騷動
掠過一片空白天空
在紀念館靜默緊閉的門前
他們無聲哀求的眼光
搜索著黑暗的傳說

12/1/1988

代表大會

你關心政治嗎
是
你是土生土長嗎
是
你支持你的代表嗎
是
你打算加入嗎
不
你愛你的國家嗎
莫宰羊

場外滾沸熱血的口號
旗幟標語五花八門
掌聲和噓聲如雷
口沫和汗水如雨
各式樣的眼鏡照妖鏡
記者閃光燈是亮的
警察棍子是暗的

你有選民嗎
有
你的選民在那裏
在對岸

79

他們代表什麼
代表法統
你的法統合理嗎
合法就合理
你認為合法嗎
我定的就是法

會場內有西裝和馬掛
枴杖舉手發言
拳頭抗議表決
麥克風搶著大聲說謊
國語操你祖宗三代
臺語幹你娘卡好
白沫淹沒楚河漢界

你的選民在那裏
在海外
你有雙重國籍嗎
是
你打算放棄嗎
不
你愛你的國家嗎
是
你愛那一個國家
無可奉告

12/1/1988

80

龍的家法 一

清了清一下喉嚨
雷聲打滾在雲層
鞠躬盡瘁的太監
豎起尖尖的耳朵

呸 ！是一口濃痰
太監趕緊張開嘴
點滴不漏的承接
轉過頭再吐出去

跪在地上的臣子
用一張臉承望著
皇天黏黏的一灘
面不改色的退朝

躺臥床上的臣妾
用白玉身子承接
黑夜傳下的聖旨
雨落在乾裂后土

12/7/1988

81

龍的家法　二

男人玩著昂首的小蛇
自尊高漲
希望變成一條龍

臥藏在黑暗夢中深淵
金甲亮鱗
男人想剝下來作袍子

希望生下真龍天子
興風作浪
女人纏繞蛇身精白

鑽進黑暗子宮的深淵
龍一翻身
雲雨大作普露眾生

6/17/1999

兩條河

在我們內裡有一條河
源自青空皚皚的雪峰
浩浩如長江流長悠遠
湧向燦亮發光的大海
另外一條像黃河翻滾
喧嘩叫囂塵世的歡樂
挾帶著糞便塵土泥渣
滾滾大地的渾濁俱下
兩條河終於匯合一體
排空的浪濤拍擊陸岸
水花白日和黑夜浪沫

12/13/1988　新大陸詩刊61期，2000年12

在色盲的祖國

一

在色盲的祖國
到處有警察維持秩序
交通號誌是唯一的準則
紅色代表死亡
到此一切停止
禁止閱讀紅色書
圖騰禁忌，像女人的月經
黃色意謂危險
請勿靠近，青天白日下
我們只讀白色書
例如三民主義
空白紙上滿是白字
直讀到眼睛發綠
綠色可以通行

二

禁止閱讀黑色書
例如燙金的聖經
是通往夢的窗口
我們只讀毛語錄
在不眠黃色后土

一片空白的紙上
滿是鮮紅的血漬
紅色尤其代表愛
舌頭燃燒的火焰
照亮著滿地白骨
直讀到字跡凝黑
我們的眼睛發紅
在灰燼天空一閃
一閃像赤色的星

9/13/1989　　自立晚報1990年5月6日

85

晚會

戴上死神的假面具
參加地球盛大的化裝晚會
每個人打開門請我進去
震天的音響沸騰血液
舞步瘋狂的像飛蛾撲打
欲望燃燒的火焰熊熊
我的影子消失
光在高溫中融化
一層霧昇起

走出男女忘形的生命
我脫下面具
沒有人為我開門
一扇扇閉鎖的門窗
洩漏出來的聲光效果
像夢中的星星囈語
我的陰影覆蓋地面
我規律的腳步像鐘聲
夜漸行漸遠

9/16/1989

他山之石

「翻」譯英詩Joe Hill, by Aefred Haye

昨夜我夢見他
活生生和你我一樣
「但是你己經死了」我說
「死了十年」
「我從來沒死」他說
「從來沒死」
「在綠島刑場」我向他說明
「他們說你是匪諜」
「警察頭子殺了你」
「他們槍斃了你」
「光是用槍是不夠的」
他站在那裡巨大無比
笑意閃在眼中
「他們沒有殺棹的」
「一直在成長」
「一直在壯大」

「那裡有工人罷工抗議」
「我就會在那裡」
「從海岸到山區」
「每一個礦場工廠」
「那裡有工人罷工抗議」

「你就會看到我」
「我永遠不死」
「但是你已經死了」我說
「死了十年」
「我從來沒死」他說
「我永遠不死」
昨夜我夢見他
活生生和你我一樣

主席 一

我們仰望中的太陽
是黑色，主席遮天的頭顱
我們仰望中的星星
是紅色，主席不眠的眼睛

最硬的部份像果殼
死時心沒有碎
主席的心充滿全中國
凝固的黑血

棺材中主席翻個身
唐山五級大地震
黃河決堤長江泛濫
流乾所有的淚水

到處是赤紅赤紅
火炬飛濺的星
口沫飛濺的星
直到所有仰望的星星墜隕

星星消失留下的黑洞
是我們見到真理的眼睛
像陰暗黎明的天空
留一片空白在腦海　　　　　10/5/1989

主席 二

遮住天空的紅太陽
他曾經高高在上
不只不可一世
接收仰望的歡呼和目光

而今他獨自一人
獨自躺著靜靜
霸占整個紀念堂大廳
比故宮宮殿還大

我憋住一口痰
黑暗卡在喉嚨裡
可以隨便便溺和吐痰的大地
除了這裡

他沒有死
只是躺在那裡靜靜
閉目養神
吸收敬畏沈默俯首的眼光

血已經乾了
但他還沒有死
只是躺在那裡作夢
重新夢見大地血流成河

獨霸一方的獨到之處
他還沒有死透

黑色凝乾的血
充斥全中國大地的血管

他靜靜躺在那裡
等待復活
進入全中國人黑暗的夢境
他張開眼睛

像赤色的星
眼睛散發著血紅幽微的光
在夜幕裡向后土張望
數不清的屍體在地裡腐爛

3/14/2002

主席　三

紅旗招展的年代裡
主席期待著催眠的火光
我們期待著偉大奇蹟
眼珠變紅的深夜
麻雀飛躍不停在廣大田野
成群結隊防空演習

母親在淚水裡期待著淚水
眼圈變黑的白日裡
蝗蟲遍山遍野演習人海戰術
我們期待著白米
孩子在飢餓裡期待著飢餓
覆蓋的紅旗期待著屍體

主席招展紅旗的年代裡
乾黑的血跡期待著赤足的鮮血
淚水期待變紅的眼睛
枯樹的枝枒指向天空
像旗竿一樣瘦的深夜裡
我們期待著風向的奇蹟

3/17/2002

我不可告人的念頭

彷彿在城市廢墟的邊緣
念頭在陰陽交界摸索試探
彷彿在採盡廢棄的礦坑深洞
一不小心，驚起隱藏棲息的蝙蝠
彷彿從破敗頹倒的深山古寺
響起飄盪黃昏暮色的鐘聲
漫天飛起千百隻舞盪迴旋
圍繞著念頭一圈圈愈飛愈近
天空愈轉愈暗愈轉愈低
直到夜色充滿意識所有的角落
念頭潛入黑暗的心底無影無蹤
這時候霓虹燈紛紛亮起
在城市忙亂繁雜的大小街頭

8/8/1990

人們說我患了自語症

其實我是在說真話

對奶瓶說奶水迫切重要
像嬰孩需要母親懷抱
對米桶說生命價值用杯子量
對花瓶說愛情蜜語
花開有水沒有根
對酒瓶說夢話陶醉
對抽水馬桶鞠躬問好
人生代謝就是隨流沖去
這些都是容器我說
像我的腦袋也是
裝夢裝愛也裝話
沒有瓶蓋沒有桶蓋

對太陽說真理明白
像日夜相倚相生
對香煙說不要隨意拋棄煙蒂
對月亮說人生舞臺戲
幕帷會升起降落
對電燈說生活現實
對星星說果實的希望
露水大地好似天空螢火

這些都會發亮我說
像我舌頭的火焰也是
光照到黑暗的地方
就會有陰有影

而我說的都是瞎話

8/31/1990

伊拉克邊境

月升到天中央
守衛沙漠的大兵看見
難民營的百姓在夢中看見
大使館一位文書半夜起來小解
隔著窗戶遙遙看見
沙漠無聲　風留下海浪波紋
有人在黑暗中咳嗽　月光寒涼
戰爭在失眠中等待破曉
這都是黑夜的一部分

夜愈來愈深
伊拉克邊境過去是戰場
戰場茫茫過去是墳場
墳場默默過去是大海
茫茫大海過去是夢境
黑暗夢境中有火光飄搖
大火焚燒夜的骨骼
灰燼中有歷史記憶
月光愈來愈白

9/19/1990

旗子 一

大鳴大放
每個人都要高舉搖晃
一面旗子
一張手帕也好
一條奶罩也好
一件內褲也好
一條月經帶也好
都是一面旗
凡是旗子就要高高舉起
全身被剝光的
也舉起雙手

旗子可以用來
擦拭革命血腥的手
用來包紮大放的傷口
用來搗住大鳴的嘴
青天白日下
每面旗都染上東方紅
一搖晃
就有血滴灑下來
喪家犬可以爭舐血漬
同志可以沿血跡前進
這是滿地紅紅旗的意義

旗子 二

我們需要的只是一面
旗幟鮮紅
在手中用力搖晃吶喊
旗子拍動的聲音
比海濤響
震動后土和皇天

一面遮盡天光的旗子
插遍全島
對岸也遍地插滿
兩邊旗影昏天暗地之間
浪花洶湧
倒映白日和青天

憲法

圓仔湯搓來搓去
劃時代美食結晶
賞心悅目檢驗合格
饑餓時候可以望梅

經過江南梅雨綿綿
經過宋江雨茫茫
經過颱風雨陣陣
雷震時和尚要撐傘

杜防發霉異味褪色
日頭紅時翻轉曝曬
添加防腐劑人工色素
好像全新剛出爐～中看

燼

暗巷盡頭
一個年輕伙子
猛抽一根菸
一隻手插入口袋
愈抽愈短
紅熾的菸頭在深夜裡
刺人眼孔
菸蒂隨手一拋
熄滅的眼睛
彈落的煙灰隨夢飄散
在一片夜色背後的黑

4/7/1991

他們經常回來

在背後催趕腳步
在前面指引方向
他們經常回來
改變我們日常作息
騷擾我們黑暗的夢境

配合他們龍鍾的坐像
調整桌椅位置
配合他們松立的身影
變更門窗方位
配合他們安息的鼾聲

騷擾我們黑暗的夢境
改變我們日常作息
他們經常回來
喚醒我們空白的記憶
那些無所不在的亡魂

7/5/1992　　創世紀詩刊112期，1997年

政客 一

政客的大腿夾縫裡
夾藏著一條狗尾巴
林立的大廈高與天齊
政客女人的大腿夾縫裡
快餐店的熱狗

我大腿的夾縫裡
藏著一條斑爛的蛇
銀幣在口袋裡低泣
我女友的大腿夾縫裡
開著鮮艷漂亮的玫瑰

總統女人的大腿夾縫裡
暗暗藏著一面化妝鏡
蝸牛慢慢爬過街道
總統的大腿夾縫裡
一顆龜縮的腦袋瓜

新大陸詩刊50期，1999年2月

政客 二

鄉音發霉的聲音
他站上高臺大聲講演
防腐劑過多的話語
滑倒在泛潮的土地上

掌聲沈默

絆腳的身影
一步步走下階梯
骨頭硬挺的日子
一串串跌倒的咳嗽聲響

11/21/2000

稻草人

在中國廣大的土地上
稻草人隨風搖擺
背著沉沉暮色天空
鐮刀收割後的田野
麻雀四下吱吱喳喳
啄食零散遺落的稻穗
低垂的夜幕暗暗
將稻草人長長的身影
漸拉漸遠到天地盡頭

長命無絕衰

我不能不離開
夜色像屍衣一樣包裹后土
因為黑夜的傾軋
我不能不離開
因為血和愛
因為火光熊熊召喚在遠方
穿過先烈鮮血的足跡
穿過我們掌紋的命運線
我不能不離開

你必需耐心的等待
一心一意的等待
直到荒蕪的草枯了青了又枯
直到花瓣褪色容顏凋謝
直到眼神呆滯心思空白
煩憂的淚水搖落后土
直到淚水枯竭在記憶的河床
月光照亮夢中泛白的燐骨
而我必將回來

你要真誠的等待
全心全意的等待
直到蘆花搖白了頭

杜鵑紅在骨灰滋養的大地
直到暮色茫茫月色蒼白
流星墜落雪封的山巒
直到眼眸灼傷月亮
記憶空白而淚水乾涸
我必定終要回來

我必定終要回來
從蟄伏的春雷
從滂沱春雨的泥濘
我必定回來
隨著朝霞回到你紅嫩臉頰
隨著春天回到露涇后土
隨著青天回到山崗蔚藍
隨著熱淚回到你企盼的眼睛
我必定終要回來

我必定終要回來
穿過同志鮮血的足跡
穿過我們掌紋共同的命運
我必定回來
因為光的正義血的融合
因為白日普照后土
因為全民族的淚
因為血因為
愛   1984

夜的出發

抽完一包菸
守衛天安門的大兵
砍下自己的頭顱
當空罐頭踢來踢去
噹啷作響
像月亮滾入雲層

一隻狗對著天空嚎叫
引發全北京城的狗
對著月亮徹夜狂吠
所有的眼睛變紅
像赤色的星
佈滿失眠大地

一隻狗竄入夢魘深處
吠聲忽隱忽現
探照燈四下照射
搜尋它藏匿的角落
在黑暗凝結的心中
一滴淚

如一顆露
死亡在淚光中凝聚

所有群星的智慧
沿著黑暗的痕跡
憂患引領著夜
到更遠更遠的地方

新大陸詩刊51期，1999年4月
葡萄園詩刊149期，2001年2月

吾黨所宗

槍炮敲開閉鎖的門
西裝畢挺的洋鬼子
逼你抽鴉片唸聖經
青天白日下滿地紅
當帝國主義流行時

你想大聲發言疾呼
買辦點上進口香煙
讓你提提神醒醒腦
靈感噴湧像是煙霧
當民族主義流行時

西裝畢挺時感到渴
同胞奉上可口可樂
讓你口齒生津打嗝
像瓶中噴湧的泡沫
當鄉土主義流行時

好像還想說些甚麼
箭牌口香糖塞過來
讓你再三嚼到無味
吐出遮天的大泡泡
當華夏流行主義時

創世紀詩刊112期，1997年

中國之光

星辰和生命的聯繫密切
所有中國人都知道
偉人和百姓的光度比例
夜愈黑星星愈亮
時代愈暗創造出來的
英雄光芒愈刺眼
像民族舵手蔣介石
台灣一葉扁舟沒有白日青天
只有夜中光頂凸頭的燈塔
像東方紅毛澤東
后土上沒有黑夜沒有星
只有赤色大火的紅太陽

中美關係

推翻異族統治 — 解放殖民壓迫
機會主義效忠國家 — 個人主義資本生意
總統萬歲熱衷移民 — 歡迎移民律法萬稅
人際關係鈔票綠卡 — 契約官司信用卡
搖旗吶喊抬轎子 — 口水四濺牛糞滿地
斬雞頭搓圓仔湯 — 支票亂開讀我的嘴唇
官大學問大 — 拍馬戴高帽
柴米油鹽吃喝嫖賭 — 飲食男女可口可樂
人蔘當歸祺袍馬褂 — 口香泡泡糖牛仔高跟鞋
林黛玉的貞操 — 夢露的三圍保險套
操你娘的 X — 幹你屁的 〇

面對歷史

他的銅像孤立廣場
放大的照片懸掛牆頭

我的像片立在案頭
日記秘密鎖在抽屜

他的一生在圖書館典藏
我的一生在圖書館進修

花瓣飄零的歷史
蝴蝶壓在書冊裏

試題上出現他的名字
答案紙簽上我的名字

經國之道

駕機投奔自由者
黃金千兩
要錢還是要命
搶匪通常這麼問
我們也知道愛情價更高
更不消說是自由

飛到發獎金的獎金國
拋棄愛人同志
枉顧父母所賜
劫機和駕機一樣
黃澄澄千兩金
蔣經國的金國之道

電動玩具

下班手提箱嘴裏叼著菸
走進暮色巷道昏暗
撞見電玩跑出來冒煙的黑槍

夕陽染紅整片天空銀幕
〞你被搶了〞遊戲結束
碰！槍口冒了火，香菸應聲而滅

手提箱一洗而空的整鈔
叮叮噹噹變成零錢滾入電玩
聲光甦醒的夜才剛剛開始

7/4/1990

蔣公曾經昭示我們

生命的意義在創造宇宙繼起的生命
換句話說
就是結婚生子增產報國
您有沒有實施家庭計畫
想不想試用偉人牌保險套
黑色紅色白色黃色
讓您花紋粗粒英雄用武
超薄型沒有感覺好像不存在
最適合衝鋒陷陣血刃交歡
殺精子相當殺掉幾億人口
讓您血流漂杵馬革裹屍
如果您了解生命最終的意義
而且正確使用偉人牌保險套

關愛的眼神

那些人高高在上
耗費大半輩子打拼
乞求他人關愛的眼神
學做乞憐搖尾的狗
倚仗人勢的看門狗
用盡一世人志氣
努力變成花貓柔順
一輩子溫良恭儉讓
用功變成學舌鳥
豢養在深閨籠子
嗚囀一生一世的取悅
下輩子變成螞蟻辛勤
任勞任怨不發一言
生生世世學習作人

10/11/98

116

街道

盤算著明天的生計
婚事還拿捏不定
一幢一幢高樓大廈
陰影在街道擁擠交疊
店鋪一家挨一家

五色迷盲的市招
一輛車急駛而過
濺了一身夜色的水漬
一隻狗夾著尾巴
跑進了暗巷迷途

無奈轉過頭回來
夜色漸行漸濃
記憶裡黑暗的角落
蜘蛛密密織著網
蟑螂竄來竄去

1999

廟會裸舞

一絲無明
信女，裸舞酬神
無牽無掛

無謂的
神，岸然道貌
無言的

髮膚不可損
善男子，三牲奉獻
無一物可報   10/29/1999

　　附：此詩乃改寫蕭蕭詩集「毫末天地」中的「廟會裸舞」
廟會裸舞　　　蕭蕭

她們丟棄透明衣縷
撩起
原始的亢奮，以僵冷的心
拍發
無謂的
音符

神只好漸悟：人原來是不披一物
不剃一髮的另一種犧牲

升官

通風報信的灰鴿子
咕咕咕啄個不停
一地散落的麵包屑

敬酒從嘴中灌下去
一肚子包天色膽
迷湯從下面滾滾流出來

人情通貨膨脹後
氣從屁股衝口而出
攀升成一朵蔽日的浮雲

11/15/2000

臺灣牛

春耕拖犁的時節
一條臺灣鄉野的牛
被牽到北京
著實發了頓牛脾氣

毒辣辣晒在背上
夏天燎原的太陽熾烈
燒紅了眼睛
乾巴巴望著赤色后土

鐮刀割破天空後
北平半畝園餐館裡
熱賣著火辣辣
秋決的紅燒牛肉麵

11/30/2000　笠詩刊221期，2001年2月

革命

革命是要從頭開始
百姓的頭顱一顆顆

革命分子被反革命分子所殺
不要革命的反而革命
反革命分子被革命分子所殺
百姓的頭顱跟著落地
熱血染紅好一面國旗

不革命的反被反革命所殺
是革命的反不革命
不要革命的成了革命分子
百姓的頭顱跟著落地
熱血染紅好一片國土

百姓的頭顱一顆顆
革命又要從頭開始

12/19/2000

南北韓

吃奶的力氣咬著牙
像拔河的繩索愈拉愈細
打過結的記事的繩
拉得緊緊的一根
三八度線
一彈就繃斷
且沒有線索可尋

9/9/2001

又來一位穿新衣的國王

繞著廣場巡視一圈
翹高尾巴的公雞
喔喔啼了兩聲震耳欲聾

總統青筋畢露的拳頭裡
全力揮舞著蒼蠅拍
虎虎生風的颱風半徑

裙子底下什麼也沒穿
總統的女人張開血盆大口
喧賓奪主的河東獅吼

深綠吵雜的蟬嘶鬧滾滾
穿過遊行中暑的街道
瞌睡的城市還在夢中打鼾

9/9/2001

風向

浮雲動蕩整座天空
風向隨著旗子飄
歡迎一個偉大的時代
我像仗勢的土狗
猛搖著吠聲吠影的尾巴

留下天空廣大的沉默
候鳥投下大地過境的陰影
歡送一個偉大的時代
旗子隨著風向飄
我追逐著自己的尾巴

9/9/2001

主席臺

下臺以後
日子像煞熬一帖
降高血壓的中藥苦口
在熬惱和熬心之間
最最難熬的
不是風溼的骨頭架子
而是
受了冷落的屁股
當然還有
那高高在上
屁股冷落的椅子

9/18/2001

125

耶路撒冷

掀開一本聖經厚重
傾斜的陽光揚起許多灰塵
介入我們日常的生活
教堂鐘聲沈重
撞著心中緊閉的門

像隻乾渴的水桶空空
等在黯黯深井一旁
黑色受傷的念頭
從歷史傷口流洩出來
午後街道上陽光陳舊的落塵

風消失在血跡未乾的街道
睜眼的老天什麼也沒說
牢牢抓住不安的想法
塵土覆蓋住塵土
閉上眼的老天也沒有什麼叮嚀

只有灰燼了解火光照亮的臉
一隻羔羊走失了
歧路的盡頭還有歧路在逃亡
夕陽喀血在岩石上
乾巴巴秋風咳嗽的聲音

流浪的雲朵滯留心頭
回想得人如得魚的日子
乾涸失神的眼神
凝視著日子的晦暗
天空慢慢關閉像一扇門

一張千瘡百孔的天網夜空
星光浸透死魚的眼睛
網孔漏下喃喃陰暗的囈語
在白骨支撐的夢境裡
暗自等侯血色破曉的黎明

9/23/2001

哭聲呼叫九一一

皇天高高在上
因為巴別之塔蓋起來了
以後所要作的事
就沒有不成就的
因為人們都是一樣的口音

耶和華變亂天下的言語
眾人分散各地
巴別之塔停工不造了
人們的言語彼此不通
唯有哭聲是一樣的口音

飛機像天使大鳥，千載之下
載著生意人載著觀光客
連結世界熙熙攘攘的人來人往
翻譯又翻譯，交通又交通
彼此操著通行的語言

一棟棟大廈高與天齊
仰望著飛蛾撲火的日子
我們在高樓陰影下摩肩接踵
昏天暗地消費的日子
操著世界通行的語言

摩頂放踵的風塵千里
從耶和華故鄉來的
異鄉人操著陌生的口音
奉主之名，異教徒劫持飛機
飛機像天使大鳥作對成雙

天使撞上了摩天巴別之塔
金融消費的交通中心
臨終前異教徒想必大喊一聲
上帝真主，世貿大樓冒煙了
上帝真主，世貿大樓倒塌了

仰望的日子來到了
主的日子要像賊一樣來到
飛機像天使大鳥飛到陌生的國度
炸彈開花了，城市鄉鎮
炸彈開花了，曠野山林

哭聲呼叫九一一
主的日子來到了
有形質的都要烈火銷化
這一切都要如此銷化
唯有哭聲是一樣的口音

11/26/2001

大太陽

岩石迸開裂縫
暴露太陽曝曬的傷口
狂熱的白日夢裡
死者的眼睛還在注視我們
他們黑暗深藏的愛
令我們盲目瞪眼
仰視動盪不安的天色

太陽曬裂遍地的岩石
大風颳著塵土飛揚
影子在田野消失
我們聲嘶力竭
緊緊追隨著老大身後
搖旗吶喊爭先恐後
不知道風往那個方向吹

唯恐錯過落人一步
我們赤紅的心中
有一個黑暗的空空洞洞
我們赤紅的叫喊
在裡面響著淒厲的回音
血肉重重包裹
岩石塊磊滿佈胸口

夾著搖擺過度的尾巴
我們像一群喪家犬
虛構成老大頂破青天
身後龐大的陰影

一地赤色破碎的星星
走向更遠更暗的地方
心中有比夜色更黑的地方

2/1/2002

中國的鑰匙

"中國，我的鑰匙丟了"
有人在大地上埋低著頭
尋找昨日丟失的鑰匙
有人大白天高舉著火把
尋找一個像樣的人

有人光著腳尋找一雙鞋子穿
有人光棍空著一雙手
尋找塵埃裡掉落的銅板
有人踩著腳踏車一邊流汗
一邊尋找轎車的鑰匙閃亮

有人腳穿白皮鞋
尋找一雙紅色高跟鞋
有人太子爺少年得志
沙發坐得太久得痣瘡
往高空尋找高腳的椅子

我也用一生的光陰尋找
像一把生鏽的鑰匙
尋找一扇門
不是打開的門不是
打開就有傳說中的光明

有人尋找地上丟棄的煙蒂
有人大太陽下拼命賣命
為了找一杯可樂解渴
有人仰賴深夜赤色的星星指引

有人找到星星的灰燼

每個人都在尋找尋找
全中國大大小小
都在尋找一些些什麼
一些摸得著而看不見
像一把丟失的鑰匙

我也用一輩子尋找
像盲目的蝙蝠尋找
一扇門一扇可以關上的門
將中國所有事物的陰影
關在門後

2/23/2002

中國，我的鑰匙丟了　　梁小斌

中國，我的鑰匙丟了。
那是十多年前，
我沿著紅色大街瘋狂地奔跑，
我跑到了郊外的荒野上歡叫，
後來，
我的鑰匙丟了。

心靈，苦難的心靈
不願再流浪了，
我想回家
打開抽屜、翻一翻我兒童時代的畫片，
還看一看那夾在書頁里的
翠綠的三葉草。

而且，
我還想打開書櫥，
取出一本《海涅歌謠》，
我要去約會，
我要向她舉起這本書，
作為我向藍天發出的
愛情的信號。

這一切，
這美好的一切都無法辦到，
中國，我的鑰匙丟了。

天，又開始下雨，
我的鑰匙啊，
你躺在哪里？

我想風雨腐蝕了你，

你已經銹跡斑斑了；
不，我不那樣認為，
我要頑強地尋找，
希望能把你重新找到。

太陽啊，
你看見了我的鑰匙了嗎？
願你的光芒
為它熱烈地照耀。

我在這廣大的田野上行走，
我沿著心靈的足跡尋找，
那一切丟失了的，
我都在認真思考。

紅旗飛揚

銅像在仰望中一高再高
用血汗浸透的手
響應了號召
黨員高高舉起手臂
拳頭握緊朝陽發出的紅光

不停反覆的口號響徹雲霄
群眾揮舞著正午紅旗
響應了號召
立志成為黨員又紅又專
踩著一路絆腳的屍體前進

塵土飛揚昏暗大地
跟隨紅得發紫的拳頭
一面面紅旗遮天
響應了號召
太陽曬黑所有仰望的眼睛

陽光流血流汗的暮色裡
狗啃著一地骨頭
蒼蠅摩拳擦掌
響應了號召
紅霞燒盡夕陽的血跡斑斑

4/4/2002

創世記

入骨的紅血和黑夜
在骰子裏滾轉
星子鑿擊點數的聲音
雕鑄七竅的人像
日夜陰陽是勝負的兩面
賭一枚太陽和月亮
第一日神出現，誕生光陰

時汐宙流，海的鐘面洶湧
潮起潮落潮起，輪迴的
漩渦湧成汪洋滄海
堅持的鐘擺在滄海裏划行
永恒的方向朝著未來橫渡
沉入了死亡又浮現新生
擺盪無涯的航程

鳥在速度中探索天
魚在潮汐中探索海
光投影在滄天和滄海
水，而霧而雲雨而種子而樹
一葉葉向上探索光
向下紮根的探索深入地獄
果實凝滿生命善惡的腥

137

種子等待繁殖的分裂
旱地等待虹霓的盟約
神的肋骨是蛇的圖騰，亞當的
是蛇的後裔，代代勞苦傷神
在下流與昇華之間，水
施洗天地，蒸餾生命與愛
映照虛空與聖靈

祂掏出唯一的鑰匙
打開天門，銀河流洩
白沫的潮水淹滅地球痙攣
祂鎖好天體顫抖的星座
大雪凍白塵土大地
貞潔的雪孕育神聖的血
瑞雪是豐年的象徵

勃起發怒的蛇頭昂然
血舌舔濕了地球
洪水潰濫，江河泛岸
魚群翻白著浪花泡沫
方舟漂過鹹濕的峽谷陰暗
屍體肥沃了劫後的后土
死亡豐富了人生

光從背後投影，滄天

是滄海的反向茫茫
超越雲層是虛無的天空
人思索塵土，合掌祈禱
福音波動整個空間，上天下地
經過了時間，第七日
人聽到了回音

1978

阿門

是他的愛最承受不了，頑強且耐久
吐口水向他瞼上
他仍然愛你入骨
去你的愛，賞他一巴掌
他轉過來另一邊瞼頰
令我們慌忙失措
如此糾結纏膩，做夢都會驚醒
我們在瘋狂邊緣暴跳如雷
狠狠死命威脅
然而他的愛恒久不變

絕望中我們豎起十字架
透過黑夜的棺蓋
星星像閃亮的釘子
我們一邊釘一邊替他說
我愛你，愛你至死
愛是沒有話說
我們一邊釘一邊回答
讓你愛，一直愛到死
他低下頭來，血流了一地
我們才放心回家

2/14/1986

禮拜

逃離崇拜讚美的教堂
逃離祈求祝福的禱告
逃離索討諒宥的聲音
夜裏耶穌從十字架爬下來
世界最最黯淡時
來到荒僻靜默的曠野
躺下來看天上星星
釋放眼中所有的淚水
天色和他的眼色一樣黑
沒有人知道他的夢

帶著夜晚經營的夢
我們來到教堂禮拜
十字架空空掛在祭壇
天上的鳥水中的魚
樹上的果地上的走獸
都是白白供給的食物
牧師說感謝耶穌的死
我們吃你的肉喝你的血
人類的罪一概赦免
我們齊聲應著阿門

4/30/1986

141

七印

拉開征戰的弓
箭迅速穿過一陣風
白馬奔來
青草變成枯黃千里
在羔羊瞪大的眼中
我們見到荒野草莽
蒼茫無邊無境

火山陸續爆發
到處是刀劍擊砍的火花
紅馬狂奔在落葉大地
傷痕掩蓋傷痕
屍首遍山遍野
從晚霞血紅的天空
我們移開視線

灰馬跑過夜幕
死亡到處流行
脈搏停止跳動時
手錶咬蛀的聲音
滴答在死者的手腕
我們眼中反射的星光
已逝去千年

屍體浮滿江河
到處是飢饉瘟疫
血肉囤集的地方
鷹鷲飛湧而來
翻落遮天的翅膀
一匹黑馬疾奔
驚醒我們槍彈的夢魘

慧星來到的時候
大地張開嘴巴
空空洞洞想說些什麼
只有回聲和黑煙
我們憤恨的噴射火箭
掀起大地骨灰的塵土
遮天蔽日

所有星星掉落地上
城市化為灰燼
江河乾涸大海枯竭
陰影掩蓋著陰影
太陽變黑月亮血紅
怕見到彼此哭泣的面目
我們躲回原始洞穴

像翻開黑色的封面

沒有日月星辰
沒有聲音呼息
一隻巨大虛無的手
拭去一切眼淚
像死者瞪大的眼睛
眼睛後面的黑

啟示錄　　一

跟隨他的蹤跡
他給我們道路
通往生命擁擠的地方
在人群擁擠陽光的街衢
我們失去他的蹤影
我們退回安靜的僻野
眼隨羔羊的蹤跡
進入夜色無邊的曠野
我們迷失了方向
平息心中的懼伯猜疑
黑暗帶領我們到更遠
更遠的地方

9/17/1989　　新大陸詩刊61期，2000年12月

啟示錄　二

面對全人類生存的難題
我們在知議領域中佈下
層層關卡障礙和陷阱
全神守侯傳說中的答案
而智慧在過度思維中像是
蜘蛛網上閃爍晶亮的水珠

對世界的憂愁逐漸加重
頭顱沉甸甸像負荷過度的地球
記憶中充滿死亡和黑夜
垂視自己灰暗的影子
我們祈禱良久，祂沒有回答
我們了解祂的旨意

9/17/1989　　新大陸詩刊58期，2000年6月

問號?

在救贖道路上
我們將十字架放在耶穌背上
重擔壓彎他的脊梁
像一個沉重的問號
拖著步伐向死神邁進
晚霞變幻著天空背景

十字架仰望方向

低頭注視腳下大地
我們懷疑死亡懷疑神
耶穌將問號放在我們背上
一個負擔過重的問號
像十字架壓彎我們脊梁
在救贖道路上

2/20/1991

國家圖書館出版品預行編目資料

山無陵 / 呂建春著. -- 初版. -- 臺北市：文史
哲,民 91
　　面：　公分.--(文史哲詩叢;51)
　ISBN 957-549-444-x (平裝)

851.486　　　　　　　　　　　　91009628

文史哲詩叢　�51

山　無　陵

著　　者：呂　　　　建　　　　春
出版者：文　史　哲　出　版　社
http://www.lapen.com.tw
登記證字號：行政院新聞局版臺業字五三三七號
發行人：彭　　　　正　　　　雄
發行所：文　史　哲　出　版　社
印刷者：文　史　哲　出　版　社
臺北市羅斯福路一段七十二巷四號
郵政劃撥帳號：一六一八〇一七五
電話 886-2-23511028・傳真 886-2-23965656

實價新臺幣一六〇元

中華民國九十一年 (2002) 六月初版